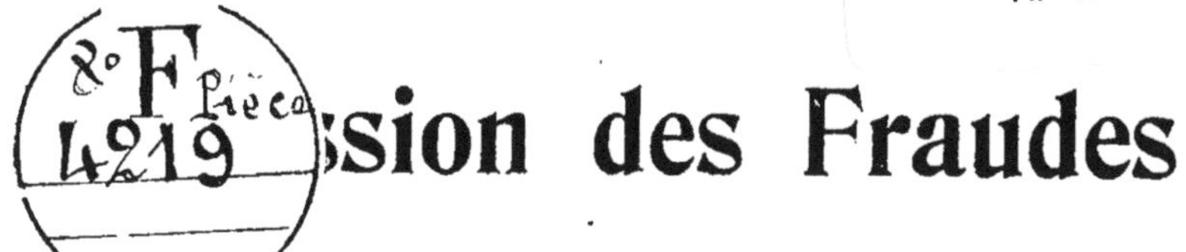

# ...ssion des Fraudes

# COMMENTAIRES

## du Décret du 3 Septembre 1907

## réglementant la Loi du 1er Août 1905

PAR M... D...

ANCIEN OFFICIER MINISTÉRIEL

PROPRIÉTAIRE A ÉPERNAY

IMPRIMERIE DU *COURRIER DU NORD-EST*

36, Rue de Sézanne, à ÉPERNAY

1908

COURRIER
du Nord
10 MARS 08
ÉPERNAY (Marne)

# Répression des Fraudes

# COMMENTAIRES

## du Décret du 3 Septembre 1907

## réglementant la Loi du 1er Août 1905

PAR M... D...

ANCIEN OFFICIER MINISTÉRIEL

PROPRIÉTAIRE A ÉPERNAY

IMPRIMERIE DU *COURRIER DU NORD-EST*

36, Rue de Sézanne, à ÉPERNAY

—

1908

# COMMENTAIRES

## du Décret du 3 Septembre 1907

## réglementant la Loi du 1er Août 1905

---

### § 1er. *De la Loi du 1er Août 1905*

Quelques jours à peine nous séparent de la mise en application de ces loi et décret, et, cependant, aucune ligne de conduite n'est indiquée au commerce qui est la vitalité même de notre région.

Aucune instruction n'a été donnée, à ce jour, par l'administration, aux agents chargés de constater les contraventions ou les délits.

Que penser d'un pareil état de choses?

La loi et le règlement seront-ils lettre morte, et attendra-t-on, comme beaucoup le supposent, à tort selon nous, que le projet du député Cazeneuve ait été discuté à la Chambre?

Il ne faut pas le penser.

Les lois sont faites pour être exécutées, si bien ou mal bâties qu'elles puissent être.

La loi de 1898 sur les accidents du travail, que la jurisprudence modifie chaque jour, en est un exemple frappant.

Attend-t-on que le Conseil d'État reconnaisse qu'au moins en ce qui concerne les vins mousseux de Champagne, il se soit trompé et élabore un nouveau règlement?

Nous ne le croyons pas.

Nous devons nous attendre à l'application des loi et décret qui ont été faits et promulgués, et le mieux est de se mettre d'accord avec eux.

Le règlement du 3 septembre dernier a donné lieu jusqu'ici à une profusion d'articles, la plupart contradictoires.

Aucun de ces articles ne s'est inspiré de la loi, mais du règlement qui en a été la conséquence. Laissons de côté pour un moment le règlement auquel nous reviendrons en le mettant en parallèle avec la loi, et, pour mieux voir nos droits et nos obligations, appesantissons-nous un instant sur la loi du 1er août 1905, en montrant aux contrevenants ce à quoi ils s'exposent. En agissant ainsi, nous leur aurons rendu un service appréciable.

Voyons ce que cette loi a voulu, nos obligations, les peines qu'elle fait encourir, et nous ferons ensuite sa comparaison avec le règlement en commentant celui-ci.

L'article 1er de la loi du 1er août 1905 est ainsi conçu :

ARTICLE PREMIER. — Quiconque aura trompé ou tenté de tromper le contractant : soit sur la nature, les qualités substantielles, la composition et la teneur en principes utiles de toutes marchandises ;

Soit sur leur espèce ou leur origine, lorsque, d'après la convention ou les usages, la désignation de l'espèce ou de l'origine, faussement attribuées aux marchandises, devra être considérée comme la cause principale de la vente ;

Soit sur la quantité des choses livrées ou sur leur identité par la livraison d'une marchandise autre que la chose déterminée qui a fait l'objet du contrat,

Sera puni de l'emprisonnement pendant trois mois au moins, un an au plus, et d'une amende de cent francs au moins, de cinq mille francs au plus, ou de l'une de ces deux peines seulement.

Laissons de côté la falsification des denrées qui nous intéresse peu, ainsi que la détention de faux poids et de fausses mesures et, poursuivant, voyons les articles 6 et 7 relatifs à la saisie des marchandises, à leur sort et aux conséquences des condamnations, eu égard à la publicité du jugement qui discréditera les maisons exploitées par les contrevenants.

ART. 6. — Les objets dont les vente, usage ou détention constituent le délit, s'ils appartiennent encore au vendeur ou détenteur, seront confisqués ;

Si les objets confisqués sont utilisables, le tribunal pourra les mettre à la disposition de l'administration, pour être attribués aux établissements d'assistance publique ;

S'ils sont inutilisables ou nuisibles, les objets seront détruits ou répandus aux frais du condamné.

ART. 7. — Le tribunal pourra ordonner, dans tous les cas, que le jugement de condamnation sera publié intégralement ou par extraits dans les journaux qu'il désignera, et affiché dans les lieux qu'il indiquera, notamment aux portes du domicile, des magasins, usines et ateliers du condamné, le tout aux frais du condamné, sans toutefois que les frais de cette publication puissent dépasser le maximum de l'amende encourue.

Lorsque l'affichage sera ordonné, le tribunal fixera les dimensions de l'affiche, et les caractères typographiques qui devront être employés pour son impression. En ce cas et dans tous les cas où les tribunaux sont autorisés à ordonner l'affichage de leur jugement, à titre de pénalité pour la répression des fraudes, ils devront fixer le temps pendant lequel cet affichage devra être maintenu, sans que la durée en puisse excéder sept jours.

Au cas de suppression, de dissimulation ou de lacération totale ou partielle des affiches ordonnées par le jugement de condamnation, il sera procédé de nouveau à l'exécution intégrale des dispositions du jugement relatives à l'affichage.

Lorsque la suppression, la dissimulation ou la lacération totale ou partielle aura été opérée volontairement par le condamné, à son instigation ou par ses ordres, elle entraînera contre celui-ci l'application d'une peine d'amende de cinquante francs à mille francs.

La récidive de suppression de dissimulation ou de lacération volontaire d'affiches par le condamné, à son instigation ou par ses ordres, sera punie d'un emprisonnement de six jours à un mois, ou d'une amende de cent francs à deux mille francs.

Lorsque l'affichage aura été ordonné à la porte des magasins du condamné, l'exécution du jugement ne pourra être entravée par la vente du fonds de commerce réalisée postérieurement à la première décision qui a ordonné l'affichage.

L'affichage et la publication, ne l'oublions pas, seront une arme pour les maisons concurrentes, et les voyageurs et représentants de commerce ne manqueront pas de s'en servir dans l'intérêt de la marque qu'ils représentent, en montrant surtout à la clientèle les insertions faites dans les journaux en vertu des jugements rendus, et dont les caractères d'impression, selon les tribunaux, pourront être d'autant plus importants que le délit aura été plus grave.

La déconsidération s'attachera à la maison condamnée, le public sera mis en garde contre les produits de cette maison, et la disqualification et la mise à l'index de celle-ci lui causeront un préjudice considérable.

L'article 8 édicte que le sursis accordé à l'exécution des peines par la loi du 26 mars 1891 (loi Bérenger), ne sera pas applicable à la loi du 1er août 1905 en ce qui concerne les peines d'amende.

Dans son article 10, la loi ordonne qu'en cas d'action pour tromperie ou tentative de tromperie sur l'origine des marchandises, le magistrat instructeur ou les tribunaux pourront ordonner la production des registres et documents des diverses administrations et des entrepreneurs de transport.

Voilà donc, non seulement l'investigation sur les registres de la régie, mais encore sur les livres des camionneurs et transporteurs.

Il semble bien difficile, dans de pareilles conditions, que les fraudeurs échappent à la loi, avec d'autant plus de raisons que certainement le décret relatif à la délimitation de la Champagne édictera d'autres mesures, telles que la différence de couleur des acquits et les établissements séparés, resserrant davantage le réseau de celles prévues par la loi.

L'article 11, a trait aux règlements à paraître en exécution de la loi.

L'article 12 concerne les expertises nécessitées par l'application de la loi.

Nous donnons ci-dessous copie de l'article 13 indiquant les condamnations qui peuvent être prononcées pour les infractions au règlement.

Art. 13. — Les infractions aux prescriptions des règlements d'administration publique pris en vertu de l'article précédent, seront punis d'une amende de seize francs à 50 francs.

Au cas de récidive dans l'année de la condamnation, l'amende sera de cinquante francs à cinq cents francs.

Au cas de nouvelle infraction constatée dans l'année qui suivra la deuxième condamnation, l'amende sera de cinq cents à mille francs, et un emprisonnement de six jours à quinze jours pourra être prononcé. »

Les articles 14 et 15 s'appliquent à l'abrogation de certaines lois en ce qu'elles pourraient faire double emploi avec celle du 1er août 1905 ci-dessus analysée.

Nous allons examiner, comme nous le disons plus haut, les rapports entre la loi et le règlement en ce qui concerne les vins mousseux qui nous intéressent plus particulièrement.

## § 2e. *Du Décret du 3 Septembre 1907*

Nous n'avons pas la prétention d'indiquer une marche à suivre ni de donner des conseils.

Le but que nous poursuivons est plus modeste : il consiste à examiner la loi et dire ce que nous en pensons à notre point de vue personnel.

Notre opinion ne sera certainement pas celle de tous, mais, basée sur la loi, les circonstances et les usages, elle sera, nous le croyons néanmoins, de quelque utilité.

Nous avons ci-dessus mis sous les yeux des intéressés, la loi du 1er août 1905, et leur avons exposé les peines qu'elle faisait encourir aux contrevenants.

Le règlement a été trop souvent confondu avec la loi elle-même, et il est bon de faire la distinction entre celle-ci et celui-là.

La loi édicte et le règlement détermine seulement les conditions dans lesquelles elle est applicable.

Allant au plus pressé, nous allons, eu égard au court espace de temps qui nous sépare de son application, donner le texte et le commentaire des articles du règlement d'un objet primordial, c'est-à-dire de ceux ayant spécialement trait à la mise en vente, à la dénomination des différentes espèces de vins mousseux, aux appellations régionales de crus, aux conditions requises pour se livrer au commerce, à celles dans lesquelles le commerce devra s'exercer dans les localités dont le nom constitue une appellation désignant un produit, et à l'emploi d'indications pouvant créer dans l'esprit de l'acheteur une confusion sur l'origine ou la nature des produits.

Quant aux autres articles, ils feront l'objet d'une étude prochaine de notre part, leur urgence étant beaucoup moindre.

Disons en passant que ce n'est pas pour les faits postérieurs au 3 mars prochain que les délits et contraventions seront constatés.

Quoique la loi n'ait pas un effet rétroactif, elle a accordé, à partir du 3 septembre 1907, un délai de six mois pour l'écoulement de toutes les marchandises non conformes aux prescriptions du règlement.

Le détaillant ne doit donc plus, à partir du 3 mars 1908, exposer ni mettre en vente aucune marchandise sujette à délit ou contravention.

Il ne saurait, non plus que ses vendeurs, arguer de sa bonne foi pour toutes marchandises reçues depuis le 3 septembre 1907.

Le délai était pour l'écoulement des existences et non pour en créer de nouvelles.

Néanmoins, pour parer à cet inconvénient, les négociants champenois peuvent adresser à leurs clients, pour les vins leur restant en magasin, des étiquettes faites en exécution de la loi, pour remplacer, sur les bouteilles, celles y apposées non conformes à ses prescriptions.

Nous passons les articles 1, 2 et 3 du règlement, qui indiquent quelles sont les conditions nécessaires pour constituer un vin naturel, et les manipulations et pratiques considérées comme frauduleuses dans la modification de cet état naturel, pour arriver aux articles 4 et 5, nous intéressant d'une façon toute particulière.

Ils sont ainsi conçus :

ART. 4. — Dans les établissements ou s'exerce le commerce de détail des vins, il doit être apposé d'une manière apparente, sur les récipients, emballages, casiers ou fûts, une inscription indiquant la dénomination sous laquelle le vin est mis en vente.

Cette inscription n'est pas obligatoire pour les bouteilles et récipients dans lesquels les vins de consommation courante sont emportés séance tenante par l'acheteur ou servis par le vendeur pour être consommés sur place.

Les inscriptions doivent être rédigées sans abréviation, et disposées de façon à ne pas dissimuler la dénomination du produit·

## VINS MOUSSEUX :

Art. 5. — Les dispositions du titre 1er du présent décret sont applicables aux vins mousseux.

Indépendamment des manipulations prévues à l'article 3, sont considérés comme licites, en ce qui concerne spécialement les vins mousseux :

1º Les manipulations et traitements connus sous le nom de méthode champenoise ;

2º La gazéification par l'addition d'acide de carbonique pur.

Aucun vin ne peut être détenu ou transporté en vue de la vente, mis en vente ou vendu sous la seule dénomination de « vin mousseux » que si son effervescence résulte d'une seconde fermentation alcoolique en bouteilles, soit spontanée, soit produite suivant la méthode champenoise.

Lorsque l'effervescence d'un vin est produite, même partiellement, par l'addition d'acide carbonique, il n'est pas interdit d'employer dans sa dénomination le mot « mousseux », mais à la condition qu'il soit accompagné du terme « fantaisie », d'un qualificatif différenciant ce vin de ceux prévus à l'alinéa précédent, de telle façon qu'aucune confusion ne soit possible dans l'esprit de l'acheteur sur le mode de fabrication employé, la nature ou l'origine du produit.

Dans les inscriptions et marques figurant sur les récipients, le mot « mousseux » et le qualificatif qui l'accompagne, ou le terme « fantaisie », doivent être imprimés en caractères identiques.

Pour l'interprétation de l'article 4 concernant l'exposition et la mise en vente, le détaillant ne se trompera pas.

Une bouteille de vin mousseux portant simplement cette mention :

DUC de X...

pourra-t-elle être exposée ou mise en vente, sans que cette étiquette indique en outre la nature de ce mousseux et dise s'il s'agit de vin de champagne, de vin mousseux ou de vin mousseux de fantaisie ?

Evidemment non !

La bouteille devra indiquer celle des trois catégories de vin qu'elle renferme.

La loi défend de tromper le contractant sur la nature, les qualités substantielles, la composition et la teneur de toutes marchandises, et pour son application, l'article 4 ci-dessus est absolument formel : « Il doit être apposé sur les « *récipients*, emballages, caisses, casiers ou fûts, une inscrip- « tion indiquant la dénomination sous laquelle le vin est « mis en vente. »

Or, une bouteille n'est-ce pas un récipient ?

Suffit-il d'apposer sur l'étiquette en dehors de la mention ci-dessus le mot « VIN » pour indiquer suffisamment la nature du produit ?

Nous répondrons NON ! selon nous, car la loi exige que la nature du vin soit indiquée de telle façon que l'acheteur ne puisse se tromper.

S'il en était autrement, ce serait la négation de la loi.

D'ailleurs, le journal *l'Epicerie française*, dans son numéro du 2 février 1908. donnait les conseils pratiques suivants à ses abonnés :

Si les vins sont étiquetés isolément par bouteilles, les casiers qui les renferment doivent porter les mêmes indications.

Pour éviter cette confusion dans l'esprit de l'acheteur, on conseille à l'épicier de ne recevoir que des vins étiquetés en conformité de la loi, et à ce sujet, concernant les vins mous-seux, le même journal ajoute :

Bien faire attention aux désignations employées par nos fournis-seurs.

Le paragraphe 5 de l'article 5 du règlement qui nous occupe, stipule que... etc... »

Le commerce de détail, mieux renseigné que le négociant producteur, reconnaît donc l'obligation par ses fournisseurs d'indiquer quelle est la nature des vins mousseux mis en vente.

Il ne faut pas d'ambiguïté ni d'erreur pour l'acheteur.

Il achète non pas un vin, le terme est trop générique, il doit connaître la nature de ce vin.

L'article 5 prête un concours important à la vente des véritables vins de Champagne.

Quels sont, en effet, les vins qui causent le plus grand tort au champagne ?

On peut répondre sans hésiter que viennent en première ligne les vins gazéifiés, et en seconde, les mousseux composés soit entièrement, soit en partie de vins étrangers à la Champagne.

Le préjudice causé par la vente de ces vins au commerce des vins de Champagne, est de deux sortes :

Tout d'abord, par la déconsidération apportée au vin de Champagne par le consommateur et notamment par l'étranger qui, consommant un vin gazéifié ou mousseux contenant des vins non récoltés en Champagne, se présentant sous le même aspect extérieur et avec le mot « Champagne » sur l'étiquette, croit boire un véritable vin de Champagne, alors qu'il goûte un produit de qualité inférieure, dans lequel il ne trouve ni la finesse, ni la qualité de nos vins champenois.

Ensuite, par la vente facile de ces vins, livrés sous le couvert de ce mot « Champagne » à des prix extraordinaires de bon marché, concurrençant partout la vente des produits de notre Champagne, dont ils prennent la place.

C'est dans le but de porter un remède à ce mal que la loi a voulu, par l'article 5 du règlement, exiger la dénomination des diverses catégories de vins mousseux.

Les syndicats des divers commerces de l'alimentation donnent d'ailleurs en ce moment toutes instructions à leurs membres et abonnés, et ces instructions sont absolument conformes à l'esprit de la loi.

Nous lisons en effet dans le *Bulletin Vinicole* du 20 au 26 février, sous la signature de M. L. Rey, les instructions suivantes au point de vue de ce que doivent porter les bouteilles, eu égard au produit qu'elles renferment :

Doivent porter comme étiquette :
Les vins de Champagne, venant de Champagne, l'étiquette

actuelle. Les vins obtenus par la méthode champenoise, mais n'étant pas récoltés en Champagne, l'étiquette : « Vin mousseux », « Grand mousseux », comme vous voudrez, excluant le mot Champagne de l'étiquette. Les vins mousseux à l'aide d'acide carbonique : « vin pétillant », « vin gazeux », « vin gazéifié », mais il faut l'indiquer ; une étiquette seule portant un nom sans désigner la façon dont le vin a été rendu mousseux serait une tromperie.

Faites-y attention !

Remarquons toutefois que M. L. Rey se trompe, en indiquant pour les vins gazéifiés le mot « vin pétillant », cette qualification, qui peut s'appliquer à n'importe quel genre de vin mousseux, ne renseignant aucunement le consommateur sur la manière dont l'effervescence a été produite.

Le journal *l'Épicerie Française* mentionné plus haut, dans son numéro du 18 février, donne, sous ce rapport, les mêmes renseignements à ses abonnés.

Les diverses branches de notre commerce sont donc prévenues par leurs chambres syndicales ou leurs journaux spéciaux, et tous s'inclineront certainement devant ces articles 4 et 5.

Notre avis est que, pour obéir strictement aux prescriptions de la loi, les bouteilles contenant un vin récolté exclusivement en Champagne, doivent porter le mot « Champagne. »

Il n'y a pas de raison pour que ce qui est applicable aux vins dits « mousseux » et « mousseux de fantaisie », ne le soit pas au point de vue de l'origine du produit au véritable vin de Champagne.

Les négociants champenois ne manqueront pas d'ailleurs de mettre sur leurs bouteilles ce mot de « Champagne » qui leur assure une suprématie sur les vins mousseux et gazéifiés.

Donc, pour nous résumer, à partir du 3 mars 1908, il ne doit plus être mis en vente aucun vin mousseux sans que celui-ci indique la catégorie à laquelle il appartient.

## CHAMPAGNE

pour le vin récolté exclusivement en Champagne, telle que celle-ci sera délimitée.

## MOUSSEUX

pour les vins qui peuvent être composés de vins étrangers à la Champagne, mais dont l'effervescence résulte d'une seconde fermentation alcoolique en bouteilles, produite suivant la méthode champenoise.

## MOUSSEUX de FANTAISIE

pour les vins dont l'effervescence est produite même partiellement par l'addition d'acide carbonique, le mot « fantaisie » devant être écrit en mêmes caractères que celui de « mousseux ».

L'article 5 mentionne que le mot « fantaisie » pourra être remplacé par un autre qualificatif, mais de telle façon qu'aucune confusion ne soit possible dans l'esprit de l'acheteur.

Nous avons cherché des qualificatifs pouvant s'appliquer à cette catégorie de vin ; nous n'en avons trouvé qu'un rigoureusement exact « Gazéifié ».

Nous doutons fort qu'il soit employé, car il discréditerait bien autrement ce genre de vin que celui de « fantaisie ».

Nous regrettons que la loi ne l'ait pas imposé, car il est le seul pour donner au produit sa véritable dénomination.

Nous passons les articles 6, 7, 8 et 9, concernant les eaux-de-vie et spiritueux. L'article 10, au sujet des appellations régionales, qui ne sera mis à exécution que lorsque le décret délimitant la Champagne aura été rendu, et nous arrivons à l'article 11.

Le but que le législateur a voulu atteindre est de supprimer la fraude et la tromperie, sous quelque forme qu'elles se présentent.

Il veut surtout, et c'est là l'utilité de la Loi, que le consommateur connaisse la nature et l'origine des produits qui lui sont présentés.

Voyons l'article 11, concernant l'origine, non pas du produit se référant à la nature de celui-ci, mais l'origine eu égard au producteur.

Art. 11. — Il est interdit à toute personne se livrant au commerce des vins ou des eaux-de-vie et spiritueux, de faire figurer sur ses étiquettes, marques, factures, papiers de commerce, emballages et récipients, la mention propriétaire à..., viticulteur à..., négociant à..., ou commerçant à..., suivie du nom d'une région ou d'un cru particulier sur le territoire desquels elle ne possède ni propriété, ni vignoble, ni établissement commercial.

Cet article supprime tous les commerces cachés, illicites ; il est la ruine des négociants en chambre ne possédant aucun établissement, qui étaient légion et gravitaient autour du commerce des vins de Champagne, dont ils avaient les bénéfices sans avoir les charges.

Nul ne pourra faire croire à sa qualité de propriétaire, s'il ne l'est réellement, à sa profession de viticulteur s'il ne l'exerce, et à sa qualité de commerçant, s'il ne possède un établissement commercial.

Examinons ces trois formes sous lesquelles le commerce des vins est autorisé.

## I. — Propriétaire.

Qu'entend-t-on par propriétaire ?

On ne peut entendre par propriétaire, selon nous, relativement au commerce des vins mousseux ou autres, que l'individu récoltant ses vins dans ses propres propriétés.

L'esprit de la loi ne peut certainement pas s'appliquer au possesseur de propriétés bâties.

La personnalité du vendeur tout entière doit apparaître.

Il faut que l'acheteur, tenant dans sa main une bouteille de vin, connaisse tout à la fois la nature de ce vin et son producteur.

C'est en partant de ce principe que nous examinons la loi en l'absence de toute jurisprudence.

Il est donc évident que l'étiquette portant :

**CHAMPAGNE**

**D U R A N D**

Propriétaire

ÉPERNAY

ne peut être permise qu'autant qu'il existe bien un M. Durand à Epernay et que celui-ci possède à *Epernay même*, des vignes qu'il exploite.

La situation faite aux propriétaires récoltants par la loi du 29 juin 1907, les obligeant à la déclaration de récolte, ne leur permet plus aujourd'hui d'expédier comme par le passé des quantités de vin hors de proportion avec leur récolte et réduit ces expéditions à l'importance de celle-ci.

Un propriétaire a, par exemple, récolté (suivant déclaration faite à la mairie), cinquante hectolitres de vin, ci . . . . . . . . . . . . . . . . . . . . . . . . . . . . . . . . . . . . . . . . . . . .   50 h.

Il en vend au commerce (dont il fait déclaration). . . . . . . . . . . . . . . . . . . . . . . . . . . . . . . . . . .   40
_______

Il lui reste donc. . . . . . . . . . . . . . . . . . . . . . .   10 h.
═══════

soit, converties en bouteilles champenoises de 80 centilitres, 1,250 bouteilles.

Il devra, chaque fois qu'il aura à sortir de ces bouteilles, faire une demande d'acquit ou de congé à la régie, fournir une caution, et, quand ces 1,250 bouteilles seront épuisées, l'administration des contributions indirectes lui refusera tout congé ou acquit, à moins qu'il ne prenne une licence qui le soumettrait à l'exercice de la régie et l'obligerait à la patente.

Expédiez votre récolte, c'est une affaire entendue, mais une fois celle-ci vendue, vous rentrez dans le droit commun.

## II. — **Viticulteur.**

Nous n'avons pas à examiner la situation du viticulteur qui est la même que celle du propriétaire, avec cette différence que le propriétaire qui fait cultiver ses vignes est tout à la fois propriétaire et viticulteur, tandis que la personne qui exploite comme fermier ou métayer ne peut prétendre qu'à cette dernière qualité.

Tout ce que nous avons dit pour le propriétaire s'applique donc au viticulteur, qui est tenu aux mêmes obligations, notamment en ce qui concerne la déclaration de récolte.

### III. — **Négociant ou Commerçant.**

La qualité de négociant ou commerçant ne peut être prise que par une personne exerçant réellement le commerce avec les obligations qu'il comporte. La loi a voulu supprimer le commerce en chambre dont nous avons parlé plus haut en exigeant un établissement commercial.

Qu'est-ce, en suivant cet ordre d'idées, qu'un établissement commercial ?

Suivant nous, la loi veut tout simplement obliger celui qui fait le commerce des vins à prendre une licence, à être imposé au rôle des patentes et à subir l'exercice de la Régie.

Que faut-il donc pour se mettre en règle à ce sujet ?

Cette question intéresse tout le commerce des vins de Champagne.

A quelques exceptions près, il n'est pour ainsi dire pas de négociants champenois ne faisant des vins à la marque des acheteurs ou n'exploitant pour leur compte personnel des marques fictives.

Ou l'acheteur de Bordeaux, par exemple, est un gros client, vendant sous le nom de sa firme avec l'adjonction du nom de la localité de son fournisseur champenois, par exemple :

CHAMPAGNE

D U B O I S & C<sup>o</sup>

ÉPERNAY

ou c'est un client de peu d'importance.

Dans le premier cas, il lui suffira de louer à la maison dans laquelle il fait faire ses vins, un cellier, moyennant un bail régulier, de payer licence et patente.

En remplissant ces conditions, il continuera à vendre les vins mousseux comme par le passé sous l'étiquette ci-dessus.

Dans le second cas, si ses expéditions sont modestes et ne lui permettent pas de supporter les frais d'un établissement commercial, il se contentera d'ajouter à son nom, dans le bas de l'étiquette ou sur le côté de celle-ci, celui de la maison qui a produit le vin qu'il met en vente :

ou toute autre indication au sujet du nom et de l'adresse du producteur.

N'oublions pas que d'après l'article 11 « in fine », la mention *propriétaire, viticulteur, négociant* ou *commerçant*, n'est obligatoire qu'autant qu'elle est suivie du nom *d'une région* ou *d'un crû particulier* sur le territoire desquels on ne possède ni propriété, ni vignoble, ni établissement commercial.

Serait-il loisible, pour une personne portant le nom de Dupuis, de vendre des vins aux marques ci-dessous, sans autre indication, alors qu'elle serait réellement propriétaire. viticulteur ou commerçant ?

Je réponds OUI ! si on prend le texte à la lettre, et NON !
si nous nous en référons au vœu de la loi en examinant son
intention formelle de bien faire connaître à l'acheteur le nom
du producteur et le lieu de production.

L'origine des vins aux marques ci-dessus n'est donc pas
suffisamment établie.

Ces mentions ne sont pas complètes, elle laissent dans le
vague, dans l'indéfini.

Le consommateur ne sait à qui il a affaire, il ne possède
que le nom sans l'origine.

Telle n'est cependant pas l'avis du Syndicat du Commerce
des Vins de Champagne, qui, dans sa circulaire du 25 février
1908, déclare que la mention sur l'étiquette de :

**CHAMPAGNE MOUSSEUX**

**T. RAMON**

sans autre indication, par un négociant habitant Paris, est
suffisante.

Je ne partage pas cette manière de voir, pour les raisons
que j'indique.

(Je discute simplement pour établir le bien fondé de ma
thèse par comparaison respectant toutes opinions).

**CHAMPAGNE MOUSSEUX**

**T. RAMON**

Mise en bouteilles à Épernay

Que fera supposer cette mention *mise en bouteilles à
Epernay ?* sinon que M. T. Ramon y possède un établissement
où il met le Champagne en bouteilles !

Cela répond-il au vœu de la loi ? NON !

D'ailleurs les termes *mise en bouteilles à Epernay* sont-ils
exacts ?

Ils peuvent être erronés, car la maison d'Epernay qui
fournit le vin à T. Ramon peut parfaitement l'avoir acheté

en spéculation et la mise en bouteilles avoir été effectuée ailleurs qu'à Epernay.

D'un autre côté, quelle garantie d'authenticité présentera un vin dans ces conditions pour l'acheteur, ne portant pas le nom de la localité du producteur.

Sa vente deviendrait bien difficile, en admettant qu'elle soit possible.

Le mieux serait, en pareille circonstance, pour le négociant de Bordeaux dont je parlais tout à l'heure, de mettre sur ses étiquettes :

CHAMPAGNE

D U P U I S & C<sup>IE</sup>

A Bordeaux.

Nul ne saurait quelle est la maison qui lui fournit son vin.

Il pourrait justifier, en cas de réclamation, aux agents de l'administration des envois qui lui sont faits par le négociant champenois, et certainement, la mise en vente d'un vin de Champagne dans de pareilles conditions, ne saurait donner lieu à aucun délit ni à aucune contravention.

Du reste, sur quoi donc un négociant étranger à la Champagne, vendant des vins mousseux, facturerait-il ses clients ?

Sur ses factures personnelles, certainement, puisque d'après l'article 11, la mention d'indication de nom de région ou de crû, interdite sur les étiquettes, l'est également sur les factures ?

Il facturera donc sur du papier portant sa véritable adresse.

Pourquoi alors ne pas la metttre sur l'étiquette?

Les clients sauront qu'en mettant « Champagne » sur ses bouteilles, il leur livre un vin récolté exclusivement en Champagne, et, s'ils le trouvent à leur goût, ils ne demanderont pas autre chose et ne s'enquerront pas de la maison qui l'a primitivement fourni.

J'en arrive aux marques exploitées par les négociants champenois à des noms fictifs.

Bien entendu, ce qui est défendu à une personne physique, ne peut être permis à une personne morale.

Aucune considération ne peut prévaloir contre ce raisonnement.

Ces marques, par application de la loi, deviennent des marques de *fantaisie* et doivent être considérées de la même façon que celles exploitées à des emblèmes ou à des noms symboliques.

Quel est, par la loi nouvelle, le sort réservé à ces marques ?

Leur suppression pure et simple, car elles ne seront plus d'aucune utilité lorsque le nom de la maison qui les exploite devra figurer sur l'étiquette, et ce nom est imposé par l'obligation d'indiquer l'origine, c'est-à-dire la personnalité du producteur.

Nous ne faisons, d'ailleurs, que confirmer l'opinion que nous avons émise au sujet des marques au nom des acheteurs.

Que penser de l'étiquette :

Sinon qu'il existe réellement, à Epernay, un duc de X... faisant dans cette ville le commerce des vins de Champagne.

Cela n'est pas exact. Il y a tromperie.

Et de l'étiquette :

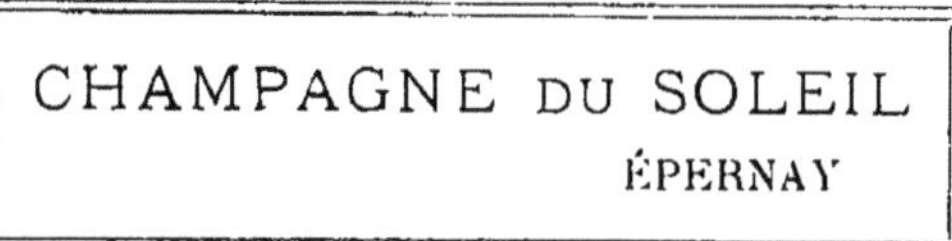


L'indication de l'origine est encore insuffisante, car l'acheteur ne peut se rendre compte de cette origine, et ce qui est défendu à la personne physique par l'article 11 que nous analysons, ne peut être toléré pour la marque symbolique ci-dessus.

Dans le premier comme dans le second cas, les étiquettes devront porter :

<table>
<tr><td align="center">CHAMPAGNE<br><br>D U C   D E   X...<br>(Z... & C<sup>IE</sup>)<br><br>ÉPERNAY</td></tr>
</table>

<table>
<tr><td align="center">CHAMPAGNE DU SOLEIL<br>(Z... & C<sup>IE</sup>)<br><br>ÉPERNAY</td></tr>
</table>

Je crois cependant qu'il n'y aurait ni délit ni contravention si le nom de la maison exploitante ne se trouvait pas entre le nom de fantaisie et le lieu d'exploitation.

On pourrait mettre par exemple :

<table>
<tr><td align="center">CHAMPAGNE<br><br>D U C   D E   X...<br><br>Marque déposée de Z... & C°, à Epernay.     ÉPERNAY.</td></tr>
</table>

Le consommateur serait suffisamment renseigné, puisqu'on lui indiquerait que Duc de X... n'est pas une maison réelle, mais une marque exploitée, et qu'on lui donnerait le nom de l'exploitant, c'est-à-dire du producteur, en l'espèce Z... & C°.

On pourrait agir de même à l'égard de la marque de fantaisie citée plus haut, « Champagne du Soleil ».

Nous en avons terminé avec les marques des acheteurs et celles à des noms fictifs au symboliques.

Nous arrivons à la marque nominale, c'est-à-dire au nom du fabricant lui servant de marque de fabrique, lorsque ce nom affecte une forme distinctive.

La question intéresse au plus haut point nos maisons de vins de Champagne.

Notre prétention est que, même passée en d'autres mains, on ne doit pas y toucher.

Elle est protégée d'une façon toute particulière et efficace par la loi du 28 juillet 1824, et voici ce que disait, à ce sujet, le rapporteur de cette loi, M. le comte Chaptal :

« Le nom d'un fabricant devenu célèbre par la supériorité
« constante de ses produits, la fidélité et la bonne foi dans
« ses relations commerciales, de même que celui d'une ville
« qui a créé un genre d'industrie connu et réputé dans toutes
« les parties du monde, sont plus qu'une propriété privée ;
« ils forment une propriété publique et nationale ; les pro-
« duits revêtus de ces noms sont admis partout avec con-
« fiance ; et telle est cette confiance que, dans plusieurs
« lieux de grande consommation, on les reçoit sans *rompre*
« *balle*. »

Nous faisons remarquer que cette loi réunit dans la même pensée la garantie des noms de *fabricants* et de *villes de fabrique*.

La marque *nominale* doit être exploitée en lui conservant son cachet originel, celui qui a fait la renommée de la maison, et que les traditions perpétuent.

La modifier serait y porter une grave atteinte.

Il a été jugé par arrêt de la Cour de Paris du 27 décembre 1893 (V$^{ve}$ Pommery et Fils), que les mots « V$^{ve}$ Pommery » qui avaient été employés depuis longtemps pour désigner une maison de vins de Champagne, devaient être considérés comme constituant une marque de fabrique dont les pro-priétaires de la maison pouvaient faire réprimer l'usurpation, encore bien qu'il n'y ait plus de veuve Pommery dans cette maison.

Dans de pareilles conditions, et avec une telle jurispru-dence, nous voyons mal comment on pourrait changer la marque nominale, ou la modifier par l'adjonction au nom du fabricant primitif, de celui de l'exploitant actuel, ou en ordon-nant le changement du nom de la ville dans le cas où le commerce aurait été transporté dans une autre localité champenoise.

La marque nominale portant :

précédemment exploitée à Reims, si l'établissement est transféré par exemple à Epernay, devra continuer à porter la même mention « Reims ».

Il n'en sera toutefois pas de même des têtes de lettres, factures, etc..., qui devront porter la raison sociale et le domicile du nouvel exploitant.

Procéder autrement serait causer le plus grand préjudice au commerce de nos vins de Champagne, notamment à l'étranger, où une marque est connue non seulement par le nom, mais par le lieu de production.

Ce serait jeter un trouble dans notre commerce d'exportation.

Le pis que l'on puisse nous demander, serait l'obligation d'indiquer d'une façon toute sommaire le nouveau lieu d'exploitation, de façon à ne pas dénaturer la marque originelle.

Par exemple :

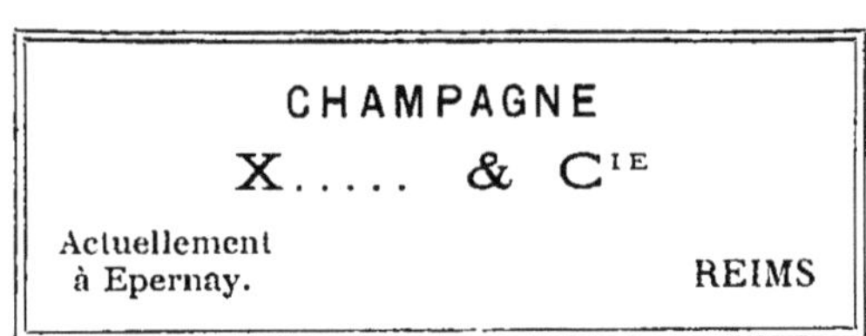


laissant à l'étiquette sa physionomie ancienne.

Nous aimons à croire que même cette légère modification ne sera pas obligatoire et que l'on sera assez sage pour ne pas l'imposer.

Les factures renseigneront suffisamment l'acheteur, et le

consommateur, en ce qui concerne la marque nominale, ne sera nullement trompé.

Nous citons pour la forme l'article 12, qui ne saurait s'appliquer au vin de Champagne.

Il n'existe pas, en effet, dans notre région de localité portant le nom de « Champagne ».

Son application est seule possible aux localités dont le nom est homonyme d'un produit, telles que : Bordeaux, Cognac, par exemple.

Art. 12. — Lorsqu'un nom de localité constitue une appellation désignant un produit qui a droit exclusif à cette appellation, les propriétaires, viticulteurs, négociants ou commerçants résidant dans cette localité, quand ils mettent en vente ou vendent un produit n'ayant pas droit à ladite appellation, ne peuvent faire figurer sur leurs étiquettes, marques, factures, papiers de commerce, emballages et récipients, le nom de ladite localité, qu'à condition de le faire précéder des mots propriétaire à..., viticulteur à..., négociant à..., ou commerçant à..., suivis de l'indication du département où est située la localité, le tout imprimé en caractères identiques.

Voici l'article 13 :

Art. 13. — L'emploi de toute indication ou signe susceptible de créer dans l'esprit de l'acheteur une confusion sur la nature ou sur l'origine des produits visés au présent décret, lorsque, d'après les conventions et les usages, la désignation de l'origine attribuée à ces produits devra être considérée comme la cause principale de la vente, est interdit en toutes circonstances et sous quelque forme que ce soit, notamment :

1º Sur les récipients et emballages ;

2º Sur les étiquettes, capsules, bouchons, cachets, ou tout autre appareil de fermeture :

3º Dans les papiers de commerce, factures, catalogues, prospectus, prix-courants, enseignes, affiches, tableaux-réclames, annonces, ou tout autre moyen de publicité.

Cet article 13 résume d'une façon générale l'esprit de l'article 1er de la loi du 1er août 1905, confirmant tout ce que nous avons dit précédemment.

Il ne faut employer, dit-il : « Aucune indication ou signe

« *susceptible* de créer dans l'esprit de l'acheteur *une confusion*
« sur *la nature* ou *l'origine* des produits ».

La mise en vente doit donc être effectuée de telle façon
que *le doute* n'existe pas chez l'acheteur, tant au point de vue
de la nature que de l'origine.

Celui-ci doit être renseigné *complètement*.

La façon de procéder que j'ai indiquée lui donnera seule,
à mon avis, la garantie qui lui est nécessaire.

L'article ajoute : « lorsque, d'après les conventions et les
« usages, la désignation et l'origine attribuées à ces produits
« devra être considérée comme la cause principale de la
« vente ».

Quelles sont les indications susceptibles de créer une
confusion dans l'esprit de l'acheteur eu égard aux conventions et aux usages ?

Elles sont multiples : 1° La nature du produit insuffisam-
ment dénommé, *vin crémant*, par exemple, ce qui n'indique
pas d'une façon suffisante la nature de ce vin, puisqu'il
reste à savoir s'il s'agit d'un vin de Champagne, d'un mousseux ou d'un mousseux de fantaisie ; 2° En ce qui concerne
l'origine, le nom et le domicile de l'exploitant, si le premier
désigne une personne morale au lieu d'une personne physique, et le second, si les expéditions sont faites d'une localité autre que celle indiquée ; 3° Le nom d'un crû particulier,
alors que le produit mis en vente porte faussement le nom
de ce crû.

Nous avons examiné les deux premières causes, voyons la
troisième :

Il est d'usage, en Champagne, depuis un temps immémo-
rial, de désigner les diverses qualités de vin d'une maison,
soit par des mentions ayant une analogie avec l'habillage des
bouteilles, telles que « carte blanche », « carte bleue »,
« carte noire », etc., soit par des appellations de crûs, telles
que « Sillery », « Ay », « Bouzy », etc.;

Consultez n'importe quel prix-courant général des vins de
Champagne, et vous verrez que dans toutes les maisons,
même les plus renommées, le « Grand Verzenay » côtoye la
« Carte rose », et le « Bouzy-extra » la « Carte d'Or ».

Certainement, s'il s'agissait d'un vin de Bourgogne portant faussement l'indication comme crû de « Clos-Vougeot », « Chambertin », « Corton », « Moulin-à-Vent », ou d'un vin de Bordeaux énonçant ceux de « Château-Lafite », « Château-Yquem », etc., l'application de la loi ne ferait aucun doute, ces vins, récoltés dans chaque crû, c'est-à-dire dans chaque commune portant le nom de ce crû, ayant leurs qualités bien distinctes, permettant de les livrer sans mélange.

Malheureusement, il n'en est pas de même en Champagne, où la qualité supérieure du vin résulte surtout d'un mélange, dans une certaine proportion, de raisins blancs et noirs de plusieurs crûs, qui apportent, les uns par leur finesse, les autres par leur bouquet ou leur vinosité, tous les éléments nécessaires à la composition d'un vin de choix.

Quel nom le commerçant, d'après la loi nouvelle, pourra-t-il donner à la cuvée résultant d'un tel mélange ?

Aucun, assurément, car si par exemple il le dénomme « Bouzy », le vin de ce crû n'y sera entré que pour partie.

Devra-t-il donner à ce vin le nom du crû qui formera pour la majeure partie la composition de cette cuvée ? Bouzy, par exemple.

Pas davantage, puisqu'il ferait croire que le vin a été récolté exclusivement à Bouzy.

Voilà donc les usages de la Champagne complètement bouleversés.

Les appellations de crû seront seules réservées aux propriétaires récoltants, pour les vins de leur récolte.

Nous allons subir les exigences d'une loi générale, qui a été faite en ne prévoyant nullement les effets qu'elle pouvait produire, eu égard à certaines régions particulières, telles que notre Champagne, touchant à ses us et coutumes.

Il faudra certes s'incliner jusqu'à ce que l'on soit parvenu à obtenir des pouvoirs publics une réglementation mieux appropriée à notre région, laissant subsister, dans certaines conditions, les appellations régionales sous lesquelles notre vin était mis en vente et connu dans l'univers entier.

La parole est aujourd'hui aux tribunaux chargés d'appliquer une loi peu claire, que nous avons commentée de notre mieux, et dont la mise en application va avoir lieu sans que les intéressés aient reçu, des administrations chargées de l'appliquer, les indications suffisantes leur permettant de se mettre en règle avec elle.

M... D. .

Ancien officier ministériel.
Propriétaire.

*Epernay, le 28 Février 1908.*

Epernay. — Imp. du *Courrier du Nord-Est*.

# LE COURRIER DU NORD-EST

*Journal quotidien d'Epernay*

**59ᵉ ANNÉE**

Sans être, comme son confrère *Le Vigneron Champenois*, un journal spécialement dévoué à la défense des intérêts des viticulteurs et des négociants de la Champagne, n'en prend pas moins à tâche de publier, au jour le jour, les dernières informations officielles qui peuvent intéresser les producteurs et commerçants.

Les présents **Commentaires** ont paru en articles dans ses colonnes.

# LE VIGNERON CHAMPENOIS

## (35ᵉ ANNÉE)

### Paraissant tous les Mercredis

*Viticulture, Horticulture, Agriculture*

*Commerce et Industrie*

Directeur : EMILE MANCEAU, Docteur ès-sciences

**Bureaux : 6, Rue Charles-Louis, à ÉPERNAY**

ABONNEMENTS : 10 francs par an

www.ingramcontent.com/pod-product-compliance
Ingram Content Group UK Ltd.
Pitfield, Milton Keynes, MK11 3LW, UK
UKHW021038220726
13924UKWH00001B/396